ATTENTION !

Cette bande-dessinée est publiée dans son sens de lecture original japonais, les bulles se lisant de droite à gauche.

Vous êtes donc ici à la FIN !

Originally published in Japan in 2008 by CORE MAGAZINE CO., LTD., Tokyo.
French translation rights arranged with CORE MAGAZINE CO., LTD., Tokyo, through TOHAN CORPORATION, Tokyo

Dépôt légal à parution
ISBN 978-2-35180-693-7

Directeur de collection : Yves Huchez

Traduction : Nesrine Mezouane
Correction et adaptation : Elishtar

Conception graphique : Jef.mod
Adaptation graphique et lettrage : Anne Demars

Imprimé en France par Imprimerie Jouve

Je suppose que beaucoup d'entre vous me lisent pour la première fois. Je suis Yonezou Nekota. C'est ma première publication chez Drap comics et je suis un peu anxieuse. Un CD-drama sort le même mois que le manga, il est plein de surprises, alors écoutez-le si vous en avez l'occasion ♥

Parlons un peu de ''Experience Value''. J'ai créé un personnage impuissant sans trop réfléchir à la question... Il est aussi fétichiste des odeurs corporelles et les deux seme sont des sadiques... Quand on y pense, ce manga est plein de garçons lubriques. Du coup, mes assistants ont donné le surnom de ''Maru la cravache'' à Maru. (Je suppose que c'était inévitable.)

Pour ce qui est de la couverture, je me demandais quoi dessiner quand M. Iko m'a donné l'idée de dessiner des fruits. Comme j'ai l'habitude de dessiner des pommes et des fraises, j'ai opté pour des ananas et des bananes cette fois. J'aurais bien aimé mettre toute la banane dans la bouche de Yumeji, mais j'ai abandonné l'idée car ça faisait trop vulgaire.

Special Thanks

Directeur éditorial Satô
Super décors et personnages secondaires 76
Super décors et trames Mucchi
Super trames Aiko

Et vous !!

Haa...
...
SLURP
LUI QUI NE VOULAIT MÊME PAS LA TOUCHER.
HUH
SON SOUFFLE EST CHAUD.
SLUP
SLUP
IL EST BIZARRE.
SLUP
Mah
Huu
HUM
BOBOM
...
...
SLURP...

Ha
TU VAS T'ARRÊTER À UN MOMENT ?
...
oups...
JE N'Y AVAIS PAS PENSÉ...
Hum
SUTT
BON...
COMMENCE PAR ME SUCER.
HEIN ?
Je... peux pas !
...
UH ?...
...
YUMEJI !
ARRÊTE DE LA FIXER !
Tu vas t'y mettre, oui ?
...
...

...
DING
キーンコーン
DONG
DING
カーンコーン
DONG
JE VAIS ÊTRE EN RETARD.
...
SNIF
JE SAVAIS...
QUE ÇA FINIRAIT COMME ÇA.
FROT FROT
Ce mec est un sadique.
AÏE...
HUUM
SLUP SLUP
Haa
AÏE...
Haa
Haa
...
BRR
BRR
TU VAS PAS FAIRE ÇA ICI ?!
HEIN ?
FIT
ATTENDS UN PEU !

!
JE COMPRENDS QUE TU M'AIMES PAS, MAIS TU POURRAIS ARRÊTER DE FAIRE DES CHOSES QUI M'ÉNERVENT ?
Maru !
Lâche-le !
TU NE PRENDS PAS ASSEZ SOIN DE MON AMI D'ENFANCE.
SI, JE PRENDS SOIN DE LUI !
Lâche-le et vite !
YUMEJI, ON VA AUX TOILETTES.
Maintenant !
...
?
TAP TAP TAP
TROP FACILE À MANI-PULER.
Hu hu hu
Traître...

PARDON, JE VOUS AI FAIT ATTENDRE.
Hum
...
QU'EST-CE QU'IL Y A ?
HEIN ?
...
TAP
TU ES TOUT ROUGE.
JE T'EMMÈNE À L'INFIRMERIE...
OU AUX TOILETTES ?
HA.
HÉ !
?
GWUU
HEY !
Haa
ÇA SUFFIT LÀ !
GWU
GWU

NE T'APPROCHE PAS PLUS.
BON...
J'Y VAIS.
À plus.
HA...
OK.
SSHH
HUUM !
IL FAIT SEMBLANT DE L'IGNORER.
TAP TAP
Ha !
TU ES REVENU ?
...
BOUAH
BOUAH

T'AS COURS DE SPORT ?
TAP TAP TAP
NON, JE VIENS DE FINIR.
On avait marathon.
Fouah
HYO HYO
...
...
.....
...
Hu hu
BRR BRR
QUAND IL SENT MON ODEUR, IL EST EN CHALEUR.

MAIS EN RÉALITÉ...
Euh...
Euh...
MYUH
MYUH
IL EST TIMIDE...
ET PAS COOL DU TOUT... EN FAIT, S'IL ÉTAIT DISTANT ET FROID AVEC LES FILLES C'EST JUSTE...
PARCE QU'IL ÉTAIT IMPUISSANT !
PFF
イラ…ッ
MAINTENANT QUE JE SORS AVEC LUI, J'AI COMPRIS UNE CHOSE...
...
HA !
SHINKAI ?
...
Il m'a vu...

HAA !
REGARDE, C'EST YUME !
OUI, C'EST LUI !
IL EST TROP BEAU !
HAA HAA
...
MON COPAIN EST SI BEAU ET COOL...
QU'IL EST IDOLÂTRÉ PAR TOUTES LES FILLES DU LYCÉE.
Un problème de goût
Problem of favor

...
TU LUI AS TOUT DIT...
C'EST ÇA ?
GRR
Rha là là
C'EST DU PASSÉ TOUT ÇA.
Ha
...
Ha Ha
TE FAIS PAS DE BILE.
JE LUI AI MIS QUE CES DEUX-LÀ.
YEAH
....
....
GROOOW
...
GOO
...
...
ATT...
PAS LA PEINE DE...
IL VA S'ÉNERVER !
Ha Ha !
Ouah
FIN

...
POUR-QUOI...
GRR
TU AGIS COMME ÇA CE MATIN ?
JE PARLE PAS AVEC LES GENS QUI ME FONT DES CHOSES QUE JE N'AIME PAS !
Va-t'en !
...
Pff
AH OUAIS ? ÇA AVAIT L'AIR DE TE PLAIRE POURTANT.
!
GUH
...
...
RHAA RHAA
HOP
QUOI ?
ENCORE UNE DISPUTE ?
HEIN?
GRR
?
....
JE VOIS...

HA...
Ha
PARDON DE T'AVOIR FAIT MAL.
J'AI DIT QUE JE TE FERAIS DU BIEN...
Ha
HAH...
SLUP
FLL
J'AI... FINI...
JE VAIS... L'ENLEVER DOUCEMENT.
Haf
PARDON...
HA...
ET JE TE LÈCHERAI ENCORE, ALORS TIENS LE COUP.
Haa
JE CONTI-NUERAI... JUSQU'À CE QUE TU N'AIES PLUS MAL.
HEIN ?
POC
OÙ A-T-IL... L'INTENTION DE ME LÉCHER ?
Sérieux ?
UH !! HA... HO !!
VLAM
YUMEJI. BOUGE PAS !

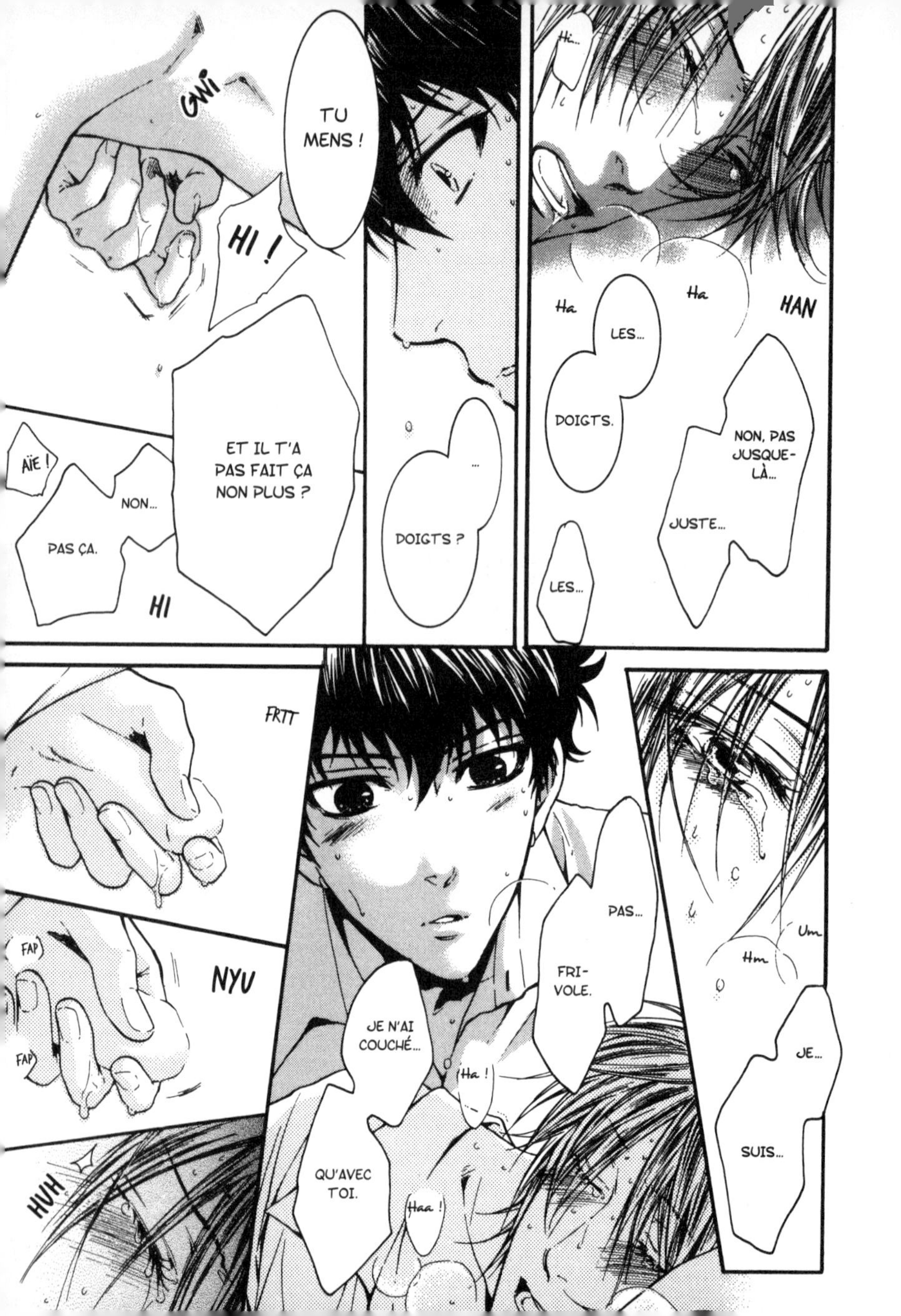

Hi...
HAN
Ha
Ha
NON, PAS JUSQUE-LÀ...
JUSTE...
LES...
LES...
DOIGTS.
TU MENS !
...
DOIGTS ?
GNI
HI !
ET IL T'A PAS FAIT ÇA NON PLUS ?
NON...
PAS ÇA.
AÏE !
HI
Um
Hm
JE...
SUIS...
PAS...
FRI-VOLE.
JE N'AI COUCHÉ...
QU'AVEC TOI.
Ha !
Haa !
FRTT
NYU
FAP
FAP
HUH

BRR
!
J'AI CHAUD...
Ha
J'AI MAL...
AÏE... AÏE...
HA !
Ha
KSS.
?!
GISH
IL ME PÉNÈTRE ?
MARU T'A FAIT ÇA AUSSI ?
JE L'AI MIS EN COLÈRE.
TU...
ME FAIS MAL.
J'ai peur...
Ha
Haa
Ha
Ha
NON !

HEIN ?
MERDE...
JE L'AI DIT !
VLAM
SUP
HEIN ?
ZUP

Haa
ARRÊTE ÇA !
HAN
HAN
JE L'AI FAIT QUE QUAND J'AVAIS DES PROBLÈMES !
MAINTENANT QUE J'Y ARRIVE...
Haa
Haa
SLUP
QUOI ?
YUMEJI ?
PLOUTCH !
BRR
BRR
TU METTAIS TES DOIGTS ?
JE SAVAIS PAS...
J'AIME PAS ÇA...
En vrai...
UH !
SMACK
Ha...
HAN
Ha !
Ha...
C'ÉTAIT...
MARU...
HAN
NON !
Ha... !
Haa
C'ÉTAIT PAS MOI.
PLOUTCH
FLUTCH

SLURP...
HI !
FUIT
FUIP
Ha !
CALME-TOI.
JE VAIS TE FAIRE DU BIEN.
BRR
PLOUTCH
SHI...
SHINKAI !
STOP !
NON !
PLOUTCH
PLOUTCH
AH ! NON ! ARRÊTE !
CHIP

HUH
Ouah !
Haa !
NYUP
SLURP
...
SLURP
SLURP
Ha
HAN
!
Umm !
Ha !
HAN !
UH !
Ha !
SLURP
SLURP
Haa !
...

J'AI REPENSÉ...
AU JOUR OÙ TU M'AS LÉCHÉ À L'INFIRMERIE.
Hua Hua
ET J'AI...
EU UNE...
ÉRECTION.
ALORS, TU VEUX...
FUIP
FUIP
QUE JE RECOMMENCE ?
...
HWAA
NON...
SI...
ÇA T'EM-BÊTE...
NE LE FAIS...
pas...
...
NYUP

TU AIMES...
MON ODEUR À CE POINT ?
VU COMMENT TU ME SNIFFES.
C'EST FACILE À DEVINER.
?!
Pourquoi ?
MON T-SHIRT...
T'A ÉTÉ UTILE ?
Uh
« FAIS PAS DE TRUCS LOUCHES AVEC ! »
...
HA !
...
EUH...
J'AI DEVINÉ JUSTE.
ALORS TU L'AS LEVÉE ?
SUIP
UH !
EUH...
AU DÉBUT, JE SENTAIS RIEN...
ET...
PUIS...

Snif...
L'ODEUR DE SHINKAI...
IL SENT SI BON.
Snif...
SMACK
SMACK
Huum
Haa !
SLUP...
CROC
CROC
YU... YUMEJI.
?
....
J'AI DU MAL À BOUGER.
ぎゅむ
MYUN
ぎゅむ...
MYUN
OH ! PARDON.

Haa !
SWIP
Ha...
Fuu...
J'AI LA TÊTE...
QUI TOURNE.
Huum
Huum
FOUAH

JE VAIS ME DÉTACHER UN PEU DE MOE.
ÇA IRA.
C'EST...
VRAI ?
ELLE COMPRENDRA PEUT-ÊTRE SI JE LUI DIS...
QUE MA MOITIÉ EST EXTRÊMEMENT JALOUSE.
BOUH BOUH !

YUMEJI...
...
ÇA T'EMBÊTE TANT QUE ÇA ?
UH
PARDON D'AVOIR ÉTÉ MÉCHANT.
EN RÉALITÉ J'AI MENTI.
TU PEUX RESTER AMI...
AVEC MARU.
SNIF
...
GWU
JE SAVAIS PAS...
QUE TU ÉTAIS SI JALOUX.
TAP TAP

C'EST UN AMI D'ENFANCE...
ET ALORS ?
« TU NE FAIS QUE T'AMUSER AVEC MOI ? »
ON EN EST BIEN LÀ ?
...
KSS
...
EX-CUSE-MOI.
JE ME SUIS EMPORTÉ.
...
MAIS...
JE COM-PRENDS.
JE FERAI EN SORTE...
DE MOINS...
LE...
VOIR.

ELLE T'APPELLE PAR TON PRÉNOM...
ELLE TE TOUCHE...
J'AIME PAS ÇA !
...
JE LUI FAIS PAS CONFIANCE.
OK !
DANS CE CAS, ARRÊTE DE VOIR MARUI !
HEIN ?

ET...
TAKAGI ?
Haa
ELLE NE VEUT PAS VENIR SI TU N'ES PAS LÀ.
SÉRIEUX...
QU'EST-CE QUI T'A PRIS ?
JE...
J'AI...
JE DÉTESTE...
CETTE FILLE !
JE VEUX PLUS QUE TU LA FRÉQUENTES !
...
QUOI ?
POURQUOI TU DIS ÇA ?
IL N'Y A PLUS RIEN ENTRE...
TU NE FAIS...
QUE T'AMUSER AVEC MOI, C'EST ÇA ?

JE DÉTESTE...
CE QUE JE SUIS DEVENU.
TAP
TAP
TAP
ATTENDS ! YUMEJI !
MAIS ENFIN...
TAP
TAP
COMBIEN DE FOIS TU VAS M'OBLIGER...
À TE COURIR APRÈS ?
Merde !

SHINKAI, TU DOIS PASSER CHERCHER NARU.
TU DEVRAIS...
OH, OUI...
JE PEUX VENIR ? MOI AUSSI JE VEUX VOIR NARUMI.
...
HA ?
PAS LA PEINE.
HEIN ? ALLEZ, SOIS SYMPA.
Rabat-joie !
AH...
...
BON BEN...
JE VAIS VOUS LAISSER.
JE DEVIENS ODIEUX.
JE PARS DE-VANT.
Hein ?
Qu'est-ce que tu racontes ? Hé !
Yume ! Tu viens pas avec nous ?
JE NE VEUX PAS...
EN VOIR PLUS.
TAP TAP

TAP
TAP
QUE FAITES-VOUS ICI, TOUS LES DEUX ?
HA HA...
C'EST UN SECRET.
Ha
QUOI ?
Tu es venue ici parce que tu savais que je me trouvais avec lui.
JE VOULAIS TRAÎNER UN PEU AVEC VOUS.
Hé
Hé
AHEM
...
...
AHEM
J'AI PAS ENVIE...
ON ÉTAIT ENFIN SEULS.
ARRÊTE DE NOUS DÉRANGER !
ILS SE SONT SÉPARÉS, POURQUOI S'ENTENDENT-ILS SI BIEN ?
ÇA M'ÉNERVE !
IL EST AVEC MOI.
FICHE-NOUS LA PAIX !
AU FAIT...

SHIN
IL EST ENCORE...
PLUS MIGNON QUE D'HABITUDE !
MODE MIGNON ACTIVÉ
...
?
MYUH
RESTE CALME ! RESTE CALME !
JE VEUX L'EM-BRASSER.
HYO
!
ATTENDS QU'EST-CE QUE TU FAIS ?
SHINKAI...
JE VEUX QU'ON SE RETROUVE SEULS, VITE.
?
SEIJI !
...
HA !
TU ÉTAIS LÀ.
...
AVEC YUME...

MON UNI-
FORME ?
J'AI DÛ LE
LAVER.
IL ÉTAIT TREMPÉ
DE SUEUR À CAUSE
DE TOI.
ET
DONC ?
GRR
ビキ
...
GRR
ビキ
OUI...
PARDON.
JE DEVRAIS
FAIRE PLUS
ATTENTION
À TOI.
EXCUSE-
MOI.
HA...
...
HUU
きゅきゅ～ん
IL A L'AIR
TOUT GÊNÉ !

JE L'AI REGARDÉ COURIR VERS TOI ET JE L'AI TROUVÉ MIGNON.
JE...
QU'IL ÉTAIT EN SUEUR...
À CAUSE DE MOI.
DING DONG
キーンコーン
...
MERDE ! LE COURS COM-MENCE !
TAC TAC
IL A VRAIMENT COURU COMME UN DÉRATÉ POUR ME RATTRAPER ?
C'EST VRAI...

...
...
Pourquoi vous rigolez ?
QUOI ?
IL EST BIZARRE, NON ?
Ce mec !
J'ai mal au ventre !
Hi hi hi
Hii
Hi
QU'EST-CE...
QU'IL RESSENT POUR MOI ?
Hum
JE PENSE...
QU'À SA FAÇON, IL TIENT BEAUCOUP À TOI.
Mais c'est un peu tordu, je te l'accorde.
HIER, QUAND JE LUI AI DIT QUE TU ÉTAIS PARTI EN PREMIER...
« ESSAIE DE L'APPELER. »
« JE PRÉFÈRE LUI PARLER EN PERSONNE. »
« IL NE DÉCROCHERA PEUT-ÊTRE PAS SINON. »

HEIN ?
?!
SI JE NE T'AIMAIS PAS,
JE NE TE POURSUIVRAIS PAS COMME UN MALADE DANS LA RUE !
Ha... Haa
...
À...
IL VA CÉDER...
À partir de maintenant, essaie de moins me négliger.
HA !
JE DOIS ALLER RÉCUPÉRER NARU.
...
BON...
JE ME SUIS EXCUSÉ, OK ?
Sois plus fâché.
TAP TAP TAP TAP
...
Quoi ?

PARDON…
Ha
JE SERAI PLUS GENTIL.
Haa
N…
NON !
…
UH
HIER…
TU M'AS VRAIMENT MIS HORS DE MOI.
J'aurai du mal à te pardonner !
LÂCHE-MOI…
À LA FIN !
TU SERAS…
PRÊT QUAND ?
LAISSE-MOI !
POURQUOI TU INSISTES ?
PARCE QUE JE T'AIME !

Haa
Haa
SHINKAI !!
GWIP
?!
Haa
JE... T'AI...
ENFIN RATTRAPÉ !
HEIN ?
SHIN... QUOI ?
INI-MAGI-NABLE.
Haa
TU M'AS ÉVITÉ TOUTE LA JOURNÉE.
TU M'EN VEUX...
À CAUSE...
DE MON COMPORTE-MENT D'HIER ?

Hum
Hum
IL DOIT ÊTRE EN COLÈRE À L'HEURE QU'IL EST, MAIS C'EST TROP TARD !
GCCO
« ARRÊTE DE M'ÉNERVER ! »
JE ME FICHE QUE TU SOIS FÂCHÉ...
POURTANT...
IL N'APPELLE PAS...
IL N'ENVOIE PAS D'E-MAILS...
CLAP
IL EST SÛREMENT ALLÉ CHERCHER SON FRÈRE.
...
...
BW
BW
TAP

OUI...
C'EST ÇA.
...
...
IL M'A AUSSI ÉVITÉ AU DÉJEUNER...
IL FAIT TOUT POUR T'ESQUIVER.
YUMEJI EST UN PACIFISTE, EN TEMPS NORMAL IL NE FERAIT PAS ÇA.
Hi hi
...
TU SAIS QUELQUE CHOSE ?
Hein ?
OUI.
JE SUIS SON AMI APRÈS TOUT.
Mais je te dirai rien.

EXPERIENCE VALUE. Acte 4

« JE T'AI DIT QUE TU POUVAIS RENTRER EN PREMIER. »
« POURQUOI T'ES ENCORE LÀ ? »
IL ME RIDICULISE...
IMBÉCILE !
TU VAS VOIR !
HA ?
IL EST DÉJÀ PARTI ?

JE SUIS DÉPRIMÉ...
TU ME TAPES SUR LES NERFS !
C'EST TOI QUI AS VOULU SORTIR AVEC MOI !
C'EST TOI QUI AS DIT M'AIMER !
POURQUOI JE ME SENS SI MAL ?
J'EN PEUX PLUS !
ÇA M'ÉNERVE !
ÇA M'ÉNERVE !
POURQUOI JE SUIS OBLIGÉ DE SUPPORTER TOUT ÇA ?
à suivre

VLAM
Excuse-moi, je m'en vais.
ÇA M'A FAIT UN CHOC...
IL A ÉTÉ GLACIAL.
Ça... me rend dingue !
POURQUOI...
EST-IL TOUJOURS FROID AVEC MOI ?
HU
HU
SOIS UN PEU...
SOIS UN PEU PLUS GENTIL !
GRR
JE SUIS TON MEC, OUI OU NON ?

...
BOBOM
HA !
Il m'a vu.
Oh
...
JE T'AI DIT QUE TU POUVAIS RENTRER EN PREMIER !
Pourquoi t'es encore là ?

...
BON, SHINKAI, TU T'OCCUPES DE CETTE PARTIE.
ET MOI DE CELLE-LÀ.
BLA BLA BLA BLA
OK.
...
TAP
OK ?
ON FAIT ÇA VITE ET ON RENTRE.
ON A TOUT ÇA À FAIRE ?
IL NOUS EXPLOITE.
C'EST CLAIR.
FLAP FLAP
TAP TAP
ON S'EN PLAINDRA DEMAIN.
OUAIS !
ARRÊTEZ DE PARLER ET AU BOULOT.
OH ÇA VA, ARRÊTE DE NOUS PRESSER !
T'ES CHIANT !
C'EST LA PREMIÈRE FOIS QU'IL EST AUSSI AMICAL.

BON COURAGE ALORS.
BRR
AH ?
BRR
HYAA
C'est Yumeji
HAA
?
Pourquoi est-il ici ?
JE SUIS MAL À L'AISE.
HA !
BONJOUR YUME.
GWUU
VOUS ÊTES DANS LA MÊME CLASSE ?
EH OUI !
Hé hé
Moe !
HAA
...
TU RENTRES DÉJÀ ?
IL DIT...
OUI...
ALLEZ, COURAGE.
QU'ILS NE SONT PLUS ENSEMBLE,
MAIS ELLE LE COLLE QUAND MÊME.
...
MERCI !
ET SHINKAI QUI RESTE MUET.
À plus
Bye bye !
...
D'HABITUDE IL M'AURAIT DIT MES QUATRE VÉRITÉS.
MUH
MUH
MUH

« SINON C'EST DIFFICILE DE LÉCHER. »
(Ha)
(Ha)
...
Haa
Haa
EUH...
JE COMPRENDS RIEN !!
LE PROF A BESOIN DE MOI,
JE PEUX PAS RENTRER AVEC TOI.
Ne m'attends pas.

...
...
Huu
JE SUIS...
UN...
PER... VERS.
Huu
UH.
« HO ! YUMEJI, TU BANDES... »
« ET SI JE TE LÉCHAIS ? »
« C'EST BEAUCOUP PLUS AGRÉABLE QU'AVEC LES MAINS. »
« ALLEZ, »
« ÉCARTE BIEN LES JAMBES. »

C'EST PAS ASSEZ...
HYO
SES CHEVEUX SI DOUX...
JE ME SUIS SENTI TELLEMENT BIEN QUAND IL M'A EMBRASSÉ.
« YUMEJI...
TU NE LAISSERAS PLUS PERSONNE TE TOUCHER, OK ? »
!
HUH
...
...
FTT
PINCH
UH
!
Hu
Hu
LES TÉTONS QUI DURCISSENT...
J'AI...
HAN

J'AI PEUR !
Ha hi...
POUR QUOI FAIRE ?
NO COM-MENT !
MOI JE M'EN FOUS, MAIS...
JE PRÉFÈRE TE DONNER UN T-SHIRT.
OK !
HUM
FAIS PAS DE TRUCS LOUCHES AVEC !
...
ALORS ?
...
SHIIN
PARDON...
JE LE LAVE AVANT DE TE LE RENDRE.
C'EST PARTI !
L'ODEUR DE SHINKAI...
SNIF
...
J'AIME SON ODEUR, MAIS...
...
BRR
BRR
BRR
...

QUAND QUELQU'UN NE VEUT PAS COUCHER AVEC MOI, JE LUI PIQUE UNE CHEMISE ET JE ME MASTURBE AVEC.
ÇA M'EXCITE À MORT...
ET JE BANDE RIEN QU'EN LA RENIFLANT.
Mets-la sur ta tête.
...
DEMANDE UNE CHEMISE À SHINKAI ET SERS-T-EN. PEUT-ÊTRE QU'AVEC LE TEMPS, ÇA TE PASSERA.
...
Haa
MU ! NICE IDEA !
Tas vu ?
HEIN ?
TU VEUX MA CHEMISE ?
Hein ?

Hum...
MU, TU DIS SOUVENT N'IMPORTE QUOI,
MAIS CETTE FOIS, ÇA A DU SENS.
Tu es un fétichiste des odeurs.
NE FAIS PAS DE CONCLUSIONS HÂTIVES !
BEN QUOI, JE T'AI VU LE RENIFLER ET T'EXTASIER.
...
IMPUISSANT ET FÉTICHISTE...
OUAAH
NE SOIS PAS TRISTE.
C'EST PAS UNE MAUVAISE MANIE.
MAINTENANT QUE TU SAIS QUE TU ES EXCITÉ PAR L'ODEUR DE SHINKAI,
CHERCHE DES GENS QUI ONT LA MÊME ET VOIS SI D'AUTRES ODEURS T'ATTIRENT.
Y'A PAS DE QUOI SE RÉJOUIR.
NE M'APPELEZ PAS FÉTICHISTE !
Huu !
JE VAIS...
T'APPRENDRE UN TRUC.

HUM...
...
MERCI...
C'EST PAS PAREIL.
Hum...
UH !
Ils sentent mauvais ?
RHAA
...
Hein ?
QU'EST-CE QUE...
TU FOUS ?
SALLE DE TUTORAT
ALORS EN FAIT,
LES ODEURS T'EXCITENT !
Ha ha ha !
Obsédé !

POURQUOI TU AS CHANGÉ ?
TU AIMAIS BIEN L'ANCIEN POURTANT...
UH
...
...
HAA L'O*CITANE.
J'UTILISE LE MÊME.
Il est super.
J'ai le même parfum.
...
...
DIS, JE PEUX SENTIR TES CHEVEUX ?
!
HAA !
OUI, OUI !
Bien sûr.
HYAA
KHAA
...
SNIF SNIF
!
YAHAA
Hey ? Quoi ?
Qu'est-ce que ça veut dire ?
GRR
GRR

« TU AS DE BEAUX CHEVEUX. »
« LAVE-LES AVEC LE PRODUIT ADAPTÉ. »
« C'EST LE MÊME PARFUM. »
SHINKAI...
PARDONNE-MOI D'ÊTRE AUSSI ÉGOÏSTE.
Hé...
VOUS AVEZ ACHETÉ DU SHAMPOING PENDANT VOTRE RENCARD ?
Hum.
ON A EU DES ÉCHAN-TILLONS.
TU PEUX EN UTILISER.
MER-CI.

PLASH
Hum
Hum
ÇA SENT BON...
COMME SHINKAI...
...
MAIS...
ÇA NE M'EXCITE PAS.
PSSS
JE NE ME COMPRENDS TOUJOURS PAS.
PLATCH
« TES CHEVEUX SONT FINS ET DOUX. »
« CELUI-LÀ TE CONVIENDRA MIEUX. »
« TU CROIS ? »
SSHH
« J'EN SUIS SÛR. »

POURQUOI TU ME DEMANDES ÇA ?
ÇA M'INTÉRESSE.
MOI...
J'AIME PAS CONNAÎTRE LE PASSÉ DE MES PETITS AMIS.
Haa
...
PETIT AMI...
OUI...
C'EST VRAI...
S'IL M'AIME...

...
...
ALLEZ ALLEZ !
PRÉSENTE-MOI !
Allez !
C'EST MOE TAKAGI.
JE SORTAIS AVEC SEIJI, MAIS...
MAINTENANT JE SUIS LIBRE.
Je cherche un copain.
EN-CHANTÉ.
Hu hu
C'EST MARRANT...
SHINKAI NE SAIT PAS CE QU'IL PERD.
JE SUIS SÛR QUE TU TROUVERAS UN COPAIN RAPIDEMENT.
MAIS CETTE FILLE...
EUH...
ELLE EST ENJOUÉE.
JE SAIS PAS POURQUOI JE SUIS SORTI AVEC ELLE.
Maintenant...
Bye bye !
ELLE EST POURTANT MIGNONNE.
POURQUOI VOUS VOUS ÊTES SÉPARÉS ?
Vous avez l'air de bien vous entendre.
C'est du gâchis.

LE SHAMPOING QUE J'UTILISE ?
TU VEUX CHANGER DE SHAMPOING ?
JE SAIS PAS...
MAIS TES CHEVEUX SENTENT TRÈS BON.
HUM.
Merci...
SEIJI...
POURQUOI ES-TU AVEC YUME ?
MOE...
Haa ♡

CE MATIN MON CALEÇON ÉTAIT TOUT COLLANT ET J'ÉTAIS EN RETARD EN COURS.
PSST
MAIS JE SUIS FRUSTRÉ.
ÇA VA DEVENIR UNE HABITUDE ?
LE MATIN TOUTE MA FAMILLE EST LÀ.
TOU-TES... ?
JE FAIS DES RÊVES ÉROTIQUES TOUTES LES NUITS.
Ils se douteront de quelque chose si je lave mes caleçons.
...
...
BON, UNE FOIS TOUS LES TROIS JOURS.
Juste avec les mains.
Haa
ON...
COMMENCE MAINTE-NANT ?
YEAH
YEAH
TU T'ES DÉJÀ MASTURBÉ CE MATIN.
Dans trois jours.
!!
MONS-TRE !
Ouiiin

PFFF !
TU CHERCHES DE FAUSSES EXCUSES, JE NE FERAIS JAMAIS ÇA.
OH QUE SI.
QUI A FAIT SEMBLANT DE SE SENTIR MAL ET M'A ENTRAÎNÉ DANS UNE RUELLE SOMBRE ?
UH !
...
Euh... Euh...
...
TU POURRAIS PAS...
UNE FOIS TOUS LES TROIS JOURS, JUSTE AVEC LES MAINS ?
RÉSISTE !
Change de disque.

VIOLENTE INTROSPECTION
J'AI JUSTE ENVIE...
QU'IL AILLE PLUS LOIN QUE CE BAISER ET QU'IL ME TOUCHE.
...
VHU
VHU
DING
DONG
DING
DONG
BLA BLA
YUMEJI ET SHINKAI...
RENTRENT DÉJÀ ?
ILS ONT RENCARD.
HOO !
BLA BLA
ET NOUS ? ♡
NON !
PARCE QUE JE SAIS QUE ÇA FINIRA DANS UNE CHAMBRE.

UN VRAI COUPLE...
Ho
ON SE VOIT... CE MIDI.
SHINKAI...
BOBOM
BOBOM
JE SAIS PAS QUOI FAIRE...
BOBOM

On va où pour ce genre de rendez-vous ?
...
HOP
VIENS PAR LÀ.
GWI
HEIN ?
HEIN ?
TAP TAP
BAISSE-TOI.
UH !
OUAH ! OUAH !
EUH...
ON DIRAIT...
SMACK

SUIS DEVENU IMPUISSANT AVANT D'AVOIR L'OCCASION DE SORTIR VRAIMENT AVEC QUELQU'UN.
J'AI JAMAIS EU DE VRAI...
RENDEZ-VOUS...
HAA...
TU VEUX QU'ON SORTE EN AMOUREUX ?
JE VAIS PASSER POUR UN IDIOT.
UH
OUI.
JE VAIS ESSAYER DE SORTIR AVEC LUI.
ET SI ÇA NE MARCHE PAS...
OK.
JE PASSE TE CHERCHER APRÈS LES COURS.
BOBOM
...

ZYEUTE
QU'EST-CE QUI T'ARRIVE ?
TU AS LE REGARD VIDE.
ET PUIS...
C'EST TROP TARD POUR LUI DIRE QU'IL N'Y A QUE SON CORPS QUI M'INTÉRESSE...
HIII !
WHOO
?
NON.
RIEN.
JE PANIQUE RIEN QUE D'Y PENSER.
ET SI TU ME DISAIS CE QUE TU AS SUR LE CŒUR ?
Tu as un comportement suspect...
depuis tout à l'heure.
...
JE...
HUM...
J...

ÇA FAISAIT SI LONGTEMPS QUE JE NE M'ÉTAIS PAS SENTI AUSSI BIEN...
QUE J'AVAIS COMPLÈTEMENT OUBLIÉ...
(LA CHOSE LA PLUS IMPORTANTE) !
QUAND JE SUIS AVEC SHINKAI...
LES SENTIMENTS COMME... LA JOIE... L'IMPATIENCE DE LE VOIR...
SONT COMPLÈTEMENT...
INEXIS-TANTS !!
MARU A RAISON, JE NE RESSENS PAS DE FRISSONS AVEC LUI.
Ça peut plus durer.

TU VAS SORTIR AVEC LUI...
MÊME S'IL TE FAIT PEUR, JUSTE PARCE QU'IL EST LE SEUL À TE FAIRE BANDER ?
VLAM
?!
QU'EST-CE QUI TE PREND ?
TU N'ES PAS AUSSI MÉCHANT D'HABITUDE.
C'est pas joli joli
...
Je peux pas... continuer comme ça...
ÇA SERAIT PAS INTÉRESSANT DE VOIR CET INSOLENT SECONDE S'AGITER UN PEU ?
C'est pas très sympa.
PSST
!
...
JE N'AVAIS PAS...
VRAIMENT RÉFLÉCHI À NOTRE SITUATION.

?!
NON NON NON !
J'AI TROP PEUR DE SA RÉACTION SIL LE DÉCOUVRE.
BRR BRR
Trop peur !
HII !
IL A INSTAURÉ UN RÉGIME DE TERREUR.
Qu'est-ce qu'il s'est imaginé ?
QUAND JE TE REGARDE, J'AI L'IMPRESSION...
QUE TU SORS AVEC LUI...
PLUS PARCE QUE TU AS PEUR ET QUE TON CORPS RÉAGIT, QUE PAR AMOUR.
TU CROIS QUE C'EST BIEN ?
Dis-moi...

C'EST VRAI...
QU'IL PEUT ÊTRE TRÈS MÉCHANT.
IL SAIT BIEN QUE JE PEUX PAS LA LEVER SI C'EST PAS AVEC LUI.
IL M'ÉNERVE !
Grr...
FRUSTRÉ...
SI J'ÉTAIS PAS IMPUISSANT, JE SORTIRAIS AVEC UNE JOLIE FILLE.
ET PAS AVEC CE NABOT.
PEUT-ÊTRE QUE TU Y ARRIVERAIS...
AVEC UNE FILLE.
Essaie pour voir.
HA...
EN TRAIN D'IMAGINER...
...

GRR GRR
HEIN ? IL EST PAS CENSÉ M'AIMER CELUI-LÀ ?
CELUI QUI DIT L'AIMER
Pff...
CELUI À QUI IL L'A DIT
JE CROYAIS... QU'ON SORTAIT ENSEMBLE...
JE TE LAISSE.
OK.
IL JOUE À LA DOUCHE ÉCOSSAISE ?
C'EST ÉNERVANT !
Je vois pas l'intérêt.
TOI ALORS !
C'est pas vrai ?
Douche écossaise...
MAIS...
IL ÉTAIT...
ÇA SERA MARRANT D'ATTENDRE QUE TU VIENNES ME SUPPLIER EN FAISANT LA MOUE.
QUAND MÊME PAS...
Sérieux ?
ÇA FAIT TROIS SEMAINES

!!
JE PEUX SAVOIR CE QUI TE PREND ?
TU VOIS BIEN QUE JE BOSSE SÉRIEU-SEMENT LÀ !
Pff
PAR-DON ...
DÉSIR...
YU-MEJI...
SI TU PENSES QU'À ÇA, RENTRE CHEZ TOI !
TU ME DÉRANGES !
VLAM

SHINKAI
HYP
HYP
QUELQUE CHOSE...
SENT BON...
ÇA DOIT ÊTRE SON SHAMPOING.
HAAA
...
Extase !
SNIF
...
SNIF
SNIF
HÉ ! YUMEJI !

Shinkai Seiji

Adult experience value

Oyama Yumeji

EXPERIENCE VALUE. Acte 3

HEIN ?
?!
HA HA HA HA HA HA HA!!
T'Y VAS PAS DE MAIN MORTE, TOI !
Ha ha ha ha !
TU PEUX LA CROIRE, JE SUIS BON.
Hii hi hi
VRAI-MENT ?
OUI.
Doute
TU VEUX CONNAÎTRE L'ÉTENDUE DE MES DONS ?
PAR AMOUR, HEIN ?
Ha
OUI, JE VEUX !
ALORS RESTE CHASTE PENDANT DIX JOURS.
QUOI ?
ENCORE ?
FIN

OUI ?
TU CROIS...
QU'ASAKO EST MASO ?
QUOI ?
ELLE M'A DIT QUE TU ÉTAIS DOUÉ.
ET J'ATTENDAIS BEAUCOUP DE TOI. MAIS TU M'AS FAIT MAL... J'AI TOUT DE MÊME L'INTENTION DE LE SUPPORTER PAR AMOUR...
J'aime pas du tout...
la douleur...
HA...

HA...
PARCE QUE C'EST DU SEXE AVEC AMOUR.
Hic
NON ?
HO ?
Hi hi
KWI
JE NE SUIS ENTRÉ QU'À MOITIÉ, JE PEUX TOUT METTRE ?
HI !
NON !
JE BLAGUAIS.
HÉ !
TU ES PRÊT ?
EUH...
...

Uh !
HUH
J'AI MAL !
HAAAA !
Haa
Haa
Haa
Haa
Haa
Haa
HAN
HUH
RETIRE...
RETIRE-TOI !
HII !
Haa
Haa
Haa
Haa
Haa
NON...
Haa
MARU... TU...
Haa
C'EST... TROP...
Haa
Haa
...
Haa
Haa
Pff
DES RE-GRETS ?
BRR
BRR
JE VAIS PAS ME PLAINDRE ...
HUM
NON...

Ha
JE TE PRÉVIENS JUSTE QUE JE NE COMMENCERAI PAS AVEC UN DOIGT.
HO !
FUIT
JE VAIS TE FAIRE PLEURER...
COMME UNE PUCELLE !
HA...
VLAM
HII !
TU ME FAIS MAL !
UH !
SHUP
SHIK
Hi !
VAM
SHIK
VAM
CHIP
SHIK
SHIK
SHIK
HI !

REGARDE BIEN.
HAH
SHIP
SHIP
SHAK
C'EST BIEN ÇA QUI TE FAIT ENVIE, HEIN ? !
C'EST POUR ÇA QUE TU CHOUINES ?
CHIP
TU LA VEUX ?
VLAM
OUI...

Huh !
Haa !
FAP
FAP
DIS...
MARU... MES FESSES...
Ha
Haa
TU VEUX BIEN...
Y METTRE TES DOIGTS ?
ÎL EST TROP À L'AÎSE...
NON !
Ha
TU VEUX PAS ?
POUR-QUOI ?
BLAM
JE VEUX, MAIS PAS AVEC LES DOIGTS.

FTT
HUH
HU
Hu !
ブル
BRR
ブル
BRR
Ha !
HA
HA
Haan !
Haan !
!
FLL
...
PLOC
TING
TCHIC
PIH
PIH
HI
!!
HUN
HUN
FLOC
TU ME FAIS MAL.

NON !
ATTENDS... PAS COMME ÇA...
すと…
SHLAF
ずる
SUF
POURQUOI TU VEUX PAS ?
DE TOUTE FAÇON...
SI ON LE FAIT...
JE DEVIENDRAI COMME TOUS LES AUTRES.
GWI
OUAH !
HAN !

TU ES SI LUBRIQUE...
HM...
ET POURTANT, TU DIS DES CHOSES TROP MIGNONNES !
Ha...
MARU ?
ÇA FAIT PAS ENCORE DIX JOURS...
JE VEUX EN FINIR VITE.
ET ME TROUVER UNE COPINE RAPIDEMENT.
VLAM
TOURNE-TOI QUE JE PUISSE TE LA METTRE !
HEIN ?
MARU, ATTENDS !
NON !
PAS ÇA !
GNIP

FOU
MU...
NON !
HAAA
JE L'AI PAS EMBRASSÉE, ELLE M'A FORCÉ...
EN COLLANT SA BOUCHE SUR LA MIENNE !
UH
ÇA N'A AUCUN SENS...
SI J'EMBRASSE UNE AUTRE PERSONNE QUE TOI.
Je veux pas !

ÇA SUFFIT VOUS DEUX !
CALMEZ-VOUS.
ÇA TE REGARDE PAS, YUMEJI !
TU AS SHINKAI MAINTENANT,
ALORS LÂCHE-NOUS UN PEU !
UGH UGH UGH
?
QU'EST-CE QUE TU DIS MU ?
!
SUP
STOP !
Shinkai !
Bravo !
PAF
TU COMPRENDS RIEN !
Toi !
HEIN ?
HEIN ?
HEIN ?
PERSONNE T'A JAMAIS DIT QUE TU ÉTAIS NAÏF ?
NAÏF ?
Ho
BRR
...
MERDE, IL A DEVINÉ.
Kwuu
CLAC
ON RENTRE.
Grouille !
Sans cœur !
SHIN-KAI ?!

J'AI FERMEMENT REFUSÉ SES AVANCES.
ELLE M'A PAS ÉCOUTÉ ET M'A OBLIGÉ...
ET ? TU VAS REJETER LA FAUTE SUR UNE FILLE ?
IL CONTINUE À SOURIRE STUPIDEMENT.
C'EST PAS GRAVE...
JE SAVAIS DÈS LE DÉBUT...
QUE TU NE POURRAIS PAS TE RETENIR.
QUOI ?
HA
POURQUOI TU DIS ÇA ?
Ha !
Ha !
...
Ha !
MER-DE !
AARRH
LÂCHE-MOI !
NON !

しーん
SSHH
C'EST PAS GRAVE...
VOUS NE FAISIEZ QUE VOUS EMBRASSER.
Fais plus attention la prochaine fois.
J'AI RIEN FAIT.
ELLE M'A SAUTÉ DESSUS.
J'ai promis d'être sage.
BON...
ÇA VA,
TU T'EN TIRES AVEC UN SIMPLE BLÂME.
LA PROCHAINE FOIS, SOIS PLUS PRUDENT.
Je rentre.
SHAK
ATTENDS ! MARU !

HEY !
YUMEJI ! MARUI ! VENEZ VITE !
TAP
TAP
TAP
...
...
C'EST MURA-SATO...
IL A ÉTÉ SURPRIS...
EN TRAIN DE COUCHER AVEC UNE FILLE.

TU AS REFUSÉ DU SEXE ?
C'EST RARE !
Tu te sens mal ?
...
C'EST UN SECRET...
Hu hu
ENTRE MARU ET MOI.
Tu veux savoir ?
QUOI ?
C'EST TRÈS MYSTÉRIEUX TOUT ÇA...
C'est louche.
IL A RAISON, TES PAROLES PEUVENT PRÊTER À CONFUSION.
Tiens une serviette froide.
GLACÉE !
TAP
...

MARU, TU ES...
MÉCHANT AVEC MOI !
CROC
C'EST NORMAL.
OUI.
IL FAUT AU MOINS ÇA...
POUR ME DIFFÉRENCIER DE TOUTES SES AUTRES CONQUÊTES.
OUCH
OUCH
QU'EST-CE QUE TU T'ES FAIT ?
ÇA A L'AIR DOULOUREUX.
ÇA L'EST.
UNE NANA M'A FRAPPÉ PARCE QUE J'AI ANNULÉ NOTRE SOIRÉE.
« TU ME DIS NON ALORS QUE TU AS UNE TRACE DE MORSURE SUR LA JOUE ? OBSÉDÉ ! »
BAM
BLAM

JE VAIS ARRÊTER DE TE DÉSIRER DE LOIN.
Hé Hé
SI TU Y ARRIVES, ON FERA L'AMOUR.
JE...
JE TIENS LE PARI.
Ha
JE TIENDRAI LE COUP ET JE NE TOUCHERAI PERSONNE.
ATTEN-TION...
PAS DE FILLES NON PLUS.
OUI !
ET LA MASTUR-BATION ?
AUSSI.
Je peux continuer non ?
POUR-QUOI...
FAIRE TOUS CES EFFORTS ?
Je suis sado...
Pff
JE TE VEUX FERME ET EN FORME.
!

LA DERNIÈRE FOIS QUE TU L'AS FAIT AVEC UN GARÇON ?
MU C'ÉTAIT QUAND...
EUH...
TROIS, QUATRE JOURS, JE CROIS...
OK, ATTENDS DIX JOURS.
TU DOIS PASSER DIX JOURS SANS COUCHER NI EMBRASSER QUI QUE CE SOIT.
TOI AUSSI TU VEUX JOUER À CELUI QUI CRAQUERA LE PREMIER ?
EN QUELQUE SORTE.

EXCUSE-MOI.
JE NE PENSAIS PAS CE QUE J'AI DIT...
C'EST PARCE QUE TU N'ARRÊTAIS PAS DE POSER DES QUESTIONS.
HI
HI
HIC
POURQUOI ? POURQUOI JE SUIS LE SEUL AVEC QUI TU REFUSES DE COUCHER ?
YUMEJI LUI... IL Y ARRIVE AVEC SHINKAI.
JE PENSAIS QU'ENFIN...
TU SERAIS À MOI !
ARRÊTE DE REJETER MES DÉCLARATIONS !
JE FERAI TOUT CE QUE TU VOUDRAS.
Hic !
Uh !
HIC
HIC
HEIN ?
POUR LUI, COUCHER = AIMER.
C'EST PAS DES DÉCLARATIONS...

JE...
PLOC
Oh
HA ?
HEIN ?!
NON !
Ha...
HUH
HUH
MU...
SNIF
HI !
HI !
HIC !

ÇA SUFFIT ! JE SAIS QUE TU ES BÊTE, ALORS JE VAIS TE LE DIRE CLAIREMENT.
MU, TU ES LE SEUL AVEC QUI JE NE COUCHERAI PAS.
QU'EST-CE QU'IL A VOULU DIRE ?
TU COM-PRENDS ?
QUAND JE PENSE QUE TU TE TAPES N'IMPORTE QUI, JE DÉBANDE.
IL VA ME SOURIRE BÊTEMENT...
HAA !
...
C'EST AFFREUX...
CE QUE TU DIS...

SINON,
LE TOUCHER COMME TU L'AS FAIT...
C'EST PAS LOIN DE COUCHER.
MU...
POURQUOI...
Il était au courant ?
OUI JE SAIS TOUT !
JE SUIS LE SEUL QUE TU AS MIS À L'ÉCART.
TU NE ME TRAITES MÊME PAS COMME UN AMI !
Uh
ON DIRAIT
UN GOSSE.
BRR
QU'EST-CE QU'IL VEUT DIRE PAR LÀ ?

DIS, MARU…
QUOI ENCORE ?
TU AIMES… YUMEJI ?
…
Qu'est-ce qui lui prend ?
C'EST POUR ÇA… QUE TU LUI AS DONNÉ UN « ENTRAÎNEMENT SPÉCIAL » ?
Pff
N'IMPORTE QUOI ! JE LE CONNAIS DEPUIS DIX ANS, C'EST COMME MON FRÈRE.
COMMENT ?

PEU IMPORTE AVEC QUI JE COUCHE, C'EST À TA PEAU QUE JE PENSE.
J'AI BEAU FAIRE, C'EST TOI QUI M'EXCITES.
JE SUIS NUL...
JE VEUX SAVOIR... COMMENT TU ES AU LIT.
JE SUIS NORMAL. NORMAL !
ALLEZ RACONTE. RIEN QU'UN PEU.
Tu peux tout me dire, je suis un garçon.
PAF
J'AI DIT NON ! T'ES LOURD !
JE SUIS POSSESSIF, J'AIME PAS CEUX QUI JOUENT SUR LES DEUX TABLEAUX.
ET SUR NEUF TABLEAUX ?
DIS PAS DE CONNERIES !

MARU, T'ES UNE BÊTE DE SEXE NON ?
DE QUOI TU PARLES ?
QUI T'A RACONTÉ ÇA ?
Quoique ça me dérange pas.
TCHUP
ASAKO.
Hier, après l'amour.
Elle rembourre son soutif.
SON EX...
IL EST SÉRIEUX LÀ ?
GRAC
JE T'AI DIT DE PLUS COUCHER AVEC MES NANAS (ENFIN MES EX) ! CELLE-LÀ, CELLE D'AVANT ET CELLE D'AVANT AVANT...
L'HERBE EST TOUJOURS PLUS VERTE AILLEURS.
Hé hé !
GRR
J'AIME PAS QUAND TU FAIS ÇA. MOI, QUAND JE SORS AVEC UNE FILLE, C'EST DU SÉRIEUX.
TOUTEFOIS...

ÇA DOIT ÊTRE UNE SORTE DE PERVERSION...
FINALEMENT, ILS SONT PAS VENUS DÉJEUNER AVEC NOUS.
La chance... C'est l'amour fou.
SI ÇA SE TROUVE, IL VIOLE SHINKAI CAR IL S'EST TROP RETENU.
TU CROIS QU'ILS JOUENT ENCORE À CELUI QUI CRAQUERA LE PREMIER ?
C'est marrant ça ?
SHINKAI JOUE LES STOÏQUES.
IL A PLUS ENVIE ?
CROC
BON, PASSONS.

« HA HA... C'EST PAS DES PIQÛRES. »
NOUS ÉTIONS DES ENFANTS ET LES AUTRES NE SE RENDAIENT COMPTE DE RIEN.
ÇA M'AVAIT TROUBLÉ.
NON, PIRE. J'ÉTAIS CHOQUÉ.
IL ÉTAIT MIGNON...
JE CROIS QUE JE L'AIMAIS DÉJÀ À L'ÉPOQUE.
GLOU
GLOU
GLOU
ENSUITE...
J'AI COUCHÉ AVEC UNE FILLE, PUIS UNE AUTRE.
SUP
JE PENSAIS À MU...
IL ME RESTE DE VAGUES SOUVENIRS...
JE L'IMAGINAIS AU LIT ET ÇA M'EXCITAIT.

CEPENDANT...
ÎL EST HORS DE QUESTION QUE JE COUCHE AVEC TOI.
QUAND J'AI RENCONTRÉ MU,
IL COUCHAIT DÉJÀ AVEC N'IMPORTE QUI.
« PARDON, JE SUIS EN RETARD. »
« QU'EST-CE QUE T'AS FAIT ? »
« C'EST DÉJÀ FINI, IMBÉCILE. »
« OUAH MURASATO, TU ES PIQUÉ DE PARTOUT ! »

HAP
D'HABITUDE TU M'ATTENDS PAS, MÊME QUAND JE TE LE DEMANDE.
TU DOIS TE SENTIR SEUL MAINTENANT QUE YUMEJI A UN COPAIN.
...
...
DEMAIN JE RENTRERAI SANS TOI.
OUAH !
TU MENS.
TU MENS !
TROUVE-TOI VITE UNE COPINE.
MAIS JE PEUX TE SERVIR DE PARTENAIRE EN ATTENDANT.
JE PASSE.
JE T'AI DÉJÀ DIT QUE JE NE VOULAIS PAS D'UN MEC FRIVOLE.
POURQUOI ?
SURTOUT TOI.
OUAH DUR !
C'EST UN MENSONGE...

GRII
TAP
...
...
TAC
TAC
...
...
SSHH
TCHAC
GRII
PARDON.
T'EXAGÈRES !
TAC
TAC
C'EST MA FAUTE, ON L'A FAIT DEUX FOIS.
PFF
C'EST ÇA TON EXCUSE ?
ET ?
C'EST UN BON COUP ?
Tu l'as jeté ?
FAUT PAS QU'ON SORTE EN MÊME TEMPS POUR PAS SE FAIRE PRENDRE.
UN PROF ?

SHIK
SHIK
Ha...
Haa...
Haa...
Haa...
HAN
Haa...
HAN
Aah !
SHIK
!
!
TOC
TOC
TOC
HEY !
TAP
TAP
TU VAS ENCORE ME FAIRE ATTENDRE LONGTEMPS ?
JE TE LAISSE CINQ MINUTES.

MARUI

Lover standard value

MURASATO

Les bases des relations amoureuses

Hum
TU ME FAIS PEUR.
PROMETS-MOI DE NE PLUS ME TOUCHER PENDANT UN TEMPS.
Psst
ÇA L'AMUSE.
Sale gosse !
...
Pff
TU SAIS BIEN QUE JE SUIS STOÏQUE.
JE PEUX TENIR PAS MAL DE TEMPS SANS RIEN FAIRE.
ÇA SERA MARRANT D'ATTENDRE QUE TU VIENNES ME SUPPLIER EN FAISANT LA MOUE.
?!
RHAA
...
ACH
ずもー
QUOI ? QUOI ?
TU DISAIS ?
RIEN ... DU TOUT.
M'AURAIT-IL PRIS DANS SES FILETS ?

FIN

J'AI JOUI RIEN QU'EN REGARDANT SON VISAGE, IL A MÊME PAS EU BESOIN DE ME TOUCHER ! MAIS QU'EST-CE QUI M'ARRIVE ?!!
!
MA...
MA MAIN A BOUGÉ TOUTE SEULE ! MON VISAGE EST TOUT GLUANT !
!
C'EST COOL QUE VOUS SORTIEZ ENSEMBLE...
MAIS VOUS NE DEVRIEZ PAS DÉJEUNER EN AMOUREUX PLUTÔT QU'AVEC NOUS ?
MOUAIS ...
Y'A DES PICKLES.
JE SAIS PAS CE QUI SE PASSERAIT SI ON SE RETROUVAIT SEULS.
TIENS MARU.
Haan !
Hé !
Hu hu
Pff
MA PRÉSENCE TE GÊNE ?
ARGH

SLURP
Haa
Haa
PLATCH...
Han
Han
Uh
Haa
YU...
YUMEJI !
Haa
Haa
OUAH !
OH
PLATCH
J'ai rien fait !
EUH...
Ha
Ha
Oups
J'Y CROIS
PAS !
OH !!
RHAA
YUMEJI ?!

KWU...
...
PLOC
HEIN ?
Ha
Hah
QU'EST-CE QU'IL...
SHIN
SUP
Hmm
SA SUEUR... SON ODEUR... ME FONT TOURNER LA TÊTE...

HA
JE... PEUX PAS !
OH NON ! JE L'AI EFFLEURÉ.
HORS DE QUESTION QUE JE TE TOUCHE.
QUOI ?
HEIN ?
MOI JE T'AI SUCÉ ET TOI TU VEUX MÊME PAS ME TOUCHER ?
MAIS TU M'AS FORCÉ...
PAR-DON ?
EUH...
NON...
GRR
GRR
VLAM
ÉCOUTE...
SI TU FAIS RIEN, TU N'AVANCERAS PAS.
UH ! JE DURCIS...

...
Han
Han
Ha !
Hah
...
YUMEJI...
TOI AUSSI, CARESSE-MOI...
GWI
Hah

AÏE...
A...
Ha...
FRT
PINCH
Han
Han
UH !
JE BANDE ENCORE...
C'est compliqué.
C'EST ÇA...
Hu hu
UH !
Hu...
LE RÉFLEXE DU CHIEN DE PAVLOV ?
FRRT
L'ESCLAVE DE SES DÉSIRS
est rétrogradé au rang de...
CHIEN DE PAVLOV
JE DEVIENS UN MOINS QUE RIEN !!!

HEIN ? DÉJÀ ?
TIC
TIC
J'AI PAS EU LE TEMPS DE LUI RÉPONDRE !
Ha...
Ha...
IL VOULAIT PAS SAVOIR AVANT ?
Ha !
FRRT
Haa !
AÏE ! J'AI MAL !
JE T'AI TROP TRIPOTÉ À L'INFIRMERIE ?
ATTEN-TION !

IL ESSAIE DE ME SÉDUIRE OU QUOI ?
Je veux pas aller dans sa chambre.
QU'EST-CE QUI VA M'ARRIVER ?
HII
ESCLAVE DE SES DÉSIRS
ATTENTION YUMEJI.
TCHAC
SWUP
GWI
Huh

ZYEUTE
QUE PENSES-TU DE MOI ?
ME... DEMANDE PAS ÇA...
RHAA
D'UN AIR SI SÉRIEUX !
!
Uh
ENFIN,
IL SUFFIT DE TE VOIR POUR SAVOIR.

TAP
TAP
TAP
TAP
AU FAIT, JE T'AI TOUJOURS PAS DEMANDÉ...
QUOI ?
....

...
HO...
...
TU VEUX FAIRE DES CHOSES ?
Hu hu
J'AI PAS ENVIE, J'AI PEUR !
TU DÉ-CONNES ?
GNAP
AH ? DOMMAGE...
JE VAIS QUAND MÊME TE LES FAIRE.
QUOI ?!
CLAC
ガチャー

TCHAC
ガチャ…
IL EST TARD.
TU AS RÉUSSI À TE RENDORMIR ?
HEUREU-SEMENT OUAIS !
JE VIENS CHERCHER NAO.
ELLE EST PRÊTE ?
ELLE S'EST ENDORMIE JUSTE AVANT QUE T'ARRIVES.
QUOI ?
ELLE DORT ?
MON PÈRE RENTRE À 20 H 30, SI TU L'ATTENDS IL VOUS RACCOMPAGNERA EN VOITURE.

« ÉCARTE BIEN LES JAMBES. »
« C'EST DIFFICILE DE TE LÉCHER SINON. »
ON DIRAIT UN PORNO !
TU POUVAIS LÉCHER SANS QUE J'ÉCARTE COMPLÈTE-MENT !
HIII
PLAF
ぼすっ
PLAF
ぼすっ
PLAF
CASSE PAS LE MATOS DE L'ÉCOLE.
JE SUIS ESCLAVE DE MES DÉSIRS !
OUI OUI, C'EST ÇA.
ALLEZ, ON RENTRE.

MARU...
HUM ?
GRISHH
C'EST TOI QUI AS DIT À SHINKAI QUE J'ÉTAIS ICI ?
POUR-QUOI ?
Hu hu
JE N'AURAIS PAS DÛ ?
IL M'A DÉRANGÉ PENDANT MON SOMMEIL.
« ÇA T'EXCITE QUAND JE TE TOUCHE. »
« LA PROCHAINE FOIS, ÇA SERA À TOI DE ME TOUCHER. »

Hi...
TU NE LAISSERAS PLUS PERSONNE TE TOUCHER, D'ACCORD ?
Ha...
HUAH
JE SAIS PAS QUOI FAIRE...
HUAH
Um...
JE...
JE SUIS FATIGUÉ DE DIRE NON...
SHIK
YO !
TU VAS DORMIR JUSQU'À QUAND ?
Tu devais pas juste faire une sieste ?

C'EST... C'EST BON...
JE M'EN FOUS QUE TU ME CROIES OU PAS.
YUMEJI.
T'ES CHIANT...
à bouder comme ça.
SHIP
!
FRRT
HUH
VLAM
DIS...
HA...
{FRRT}
YUMEJI.
{FRRT}
Hm...
{PICH}
{PICH}
Arr...
HI !
HAN

?
HO ?
POURQUOI IL EST LÀ ?
...
...
?
?
...
MUH
FAIT SEMBLANT DE DORMIR...
FRRT
TU ES ENCORE FÂCHÉ ?
NORMAL, NON ?
PARDON.
YUMEJI.
...
JE ME SUIS ÉNERVÉ, J'AI CRU...
QUE TU TE MOQUAIS DE MOI.
...
PARDON D'AVOIR ÉTÉ DUR AVEC TOI.
TU M'EX-CUSES ?
...
KSHH

SSHH
zzz
SHIK
SUP
H...
PARDON, JE T'AI RÉVEILLÉ ?

HA, SHINKAI.
...
HUH
BON-JOUR.
JE SAIS TOUT.
TU AS GUÉRI YUMEJI.
Comment t'as fait ?
Ha ha ha
HA ?
QUOI ?
TU NE SAVAIS PAS ?
BON MU, N'EN DIS PAS PLUS.
OK !
ZIP
...
C'ÉTAIT PAS
UNE BLAGUE ?

MAIS JE CONNAIS PAS LE CHEMIN POUR RENTRER.
Et puis c'est dangereux pour une petite fille
Hum
APPELLE-MOI ET JE VIENDRAI TE CHERCHER.
VRAI-MENT ?
OUI.
MAIS AVANT 19 HEURES.
COM-PRIS.
YU-MEJI ?
IL EST À L'INFIRMERIE DEPUIS CE MATIN.
IL EST MALADE ?
NON.
IL A DÛ PASSER LA NUIT À JOUER.
AH BON ?

YUME.
TU JOUES ?
TAC
TAC
TAC
ÇA VA PAS ?
TAC
TAC
...
JE TE CONNAIS, À CHAQUE FOIS QUE TU VAS MAL, TU TE PLONGES DANS UN JEU VIDÉO.
Pff
NAOMI ?
TU AS BESOIN DE QUELQUE CHOSE ?
DEMAIN...
LA FRANGINE VOIT SON COPAIN.
ET ?
TAC
TAC
TAC
BEN...
TU M'ACCOMPAGNES CHEZ NARU À SA PLACE ?
NON !
POURQUOI ?
JE ME SUIS DISPUTÉ AVEC SON FRÈRE.

…
SLUP
…
SI TU AS FINI, J'AIMERAIS BIEN RENTRER MAINTENANT.
OK.
RENTRE BIEN.
C'EST QUOI CE COMPORTEMENT ?
J'AI RAVALÉ MA FIERTÉ ET LUI AI TOUT AVOUÉ…

JE SUIS VRAIMENT IMPUISSANT !
JE BLAGUE PAS, TU M'ENTENDS ?!
TU PEUX PAS...
ME COM-PRENDRE !
PAM
...
...
...
Haa
Ha
OK, JE M'EXCUSE.
JE ME SUIS EMPORTÉ.

JE...
JE...
HUSH
VEUX PAS PARLER...
DE CHOSES AUSSI INTIMES...
...
OK...
TRÊVE DE BAVARDAGES.
MONTRE-MOI ALORS.
Ha ?
HAP
TOUCHE-TOI...
HAP
ET PROUVE-MOI QUE TU PEUX PAS BANDER.
Ha...
HEIN ?
QUOI ?
BAM
ARRÊTE DE TE FOUTRE DE MOI !

…
びく
BRR
びく
BRR…
VIENS CHEZ MOI, TU M'EXPLIQUERAS TOUT ÇA.
Ha !
NE PENSE PAS QUE JE TE PARDONNERAI SI TU PLEURES.
IL EST PAS CENSÉ M'AIMER ?
Ou… oui.
ひー
HII
IL EST IMPITOYABLE !
TU ES SÉRIEUX ?
COMMENT TU AS PU BANDER AVEC UN SIMPLE SUÇON…
ALORS QUE TU DIS
ÊTRE IMPUIS-SANT ?
CROIS-MOI, J'AI MOI-MÊME ÉTÉ CHOQUÉ DE MA RÉACTION.
HA ?
…
Ah…
J'ÉTAIS… ÉTONNÉ…

HEIN ?
POURQUOI IL S'ÉNERVE ?
QUOI ?
J'AI PEUR.
QUI T'A FAIT CE SUÇON ALORS ?
Au même endroit !
AH... ÇA...
TU M'AS DIT QUE TU ÉTAIS SEUL, NON ?
OUI.
OUI...
C'EST UNE MÉPRISE !
J'ai peur. j'ai peur.
HII
HII
C'EST MU...
TU COUCHES AVEC LUI ?
Non !
T'AS PAS INTÉRÊT À ME TROMPER !
HI !
HI !
J'AI TROMPÉ PERSONNE, MOI !
JE SAVAIS MÊME PAS QU'ON ÉTAIT EN COUPLE !!
J'AI TROP PEUR POUR LE LUI DIRE.

TAP
TAP
TAP
JE TE FAIS PEUR OU QUOI ?
...
Pardon...
DÉTENDS-TOI UN PEU, JE VAIS PAS TE VIOLER TU SAIS.
UH
Je... Je sais bien.
GRILLÉ
?!
GNAP
AÏE !
HEY !
TU M'AS DIT QUE T'AVAIS PAS DE COPINE...

TU AS BEAU DIRE QUE TU SUPPORTES PAS SHINKAI...
...
TON CORPS LUI, PENSE LE CONTRAIRE.
UH
...
UN GARÇON ? SHINKAI QUI PLUS EST...
JE L'AIME PAS...
J'AURAIS PRÉFÉRÉ UNE PERSONNE AVEC QUI JE M'ENTENDS MIEUX.
YUMEJI.
HOP
WAAH !

GWI
OUAH, C'EST DES SUÇONS ?
...
IL A JUSTE FALLU QUELQUES MORSURES ?
MOI QUI AVAIS FAIT TANT D'EFFORTS !
Je t'ai même mis des doigts.
...
OUAH !
HUM...
GNAAP
ALLEZ !
DAM
HEIN ?
MU, MORDS-LE AU MÊME ENDROIT.
ÇA ROULE !
PAS EN PUBLIC !
AÏE AÏE AÏE
LE BOUFFE PAS !
HUU !
CROC
NON !
ÇA LUI FAIT RIEN DU TOUT.
HUM.
JE SUIS PAS MASO, OK !
CRÉTIN !

Adult
EXPERIENCE VALUE. Acte 2

QUOI ?
TU AS EU UNE ÉRECTION ?
OUI !
GWUP !
C'EST LA PREMIÈRE FOIS DEPUIS TROIS ANS ET DEMI.
HOO !
CE POIDS ÉNORME A ENFIN DISPARU !
YOUPI !
TU AS FINALEMENT RÉUSSI APRÈS TOUS CES ESSAIS ?
QUELLE SOLUTION A FONCTIONNÉ ?
EUH...
BRR
JE T'AI AIDÉ MOI...
JE VEUX SAVOIR.

BON...
JE ME SUIS LAISSÉ EMPORTER. VA TE SOULAGER DANS LES TOILETTES SI TU VEUX.
Aïe
ME SOULAGER...
...
OUAH !
JE BANDE ! JE BANDE !!
NON !
POURQUOI ?
OUAAH
HA ?
OUAH
C'EST COMPLIQUÉ

à suivre

びくん
HEIN ?
UH !
HAM
Hi...
SLURP
SLURP
AÏE...
SLURP
AÏE.
HU
SLURP
J'AI MAL.
UH !
Ha
ARR... ARRÊTE.
BIM
OUILLE !
VLAM

Hum
...
TU N'AS PAS AIMÉ ?
ドキン
BOBOM
...
JE NE TE COMPRENDS PAS.
À QUOI TU PENSES ?
Hmm
JE VIENS POURTANT ...
DE TE LE DIRE.
OUI, MAIS...

...
...
PANI-
QUE
IL ROUGIT.
?!
ENCORE.
SMACK
BAF !
BLAM
Arrête !
PARDON...
J'Y SUIS ALLÉ UN PEU FORT.
C'EST...
QU'UNE PETITE ENTAILLE.
Ha Ha
AÏE...
IL SAIGNE ?
POURQUOI TU M'AS SAUTÉ DESSUS TOUT À COUP ?

IL EST TOUT PRÈS...
JE T'AIME.
HEIN ?
SMACK
Ho !
?
?
TU VEUX BIEN SORTIR AVEC MOI ?
Ha...

JE SUIS QUAND MÊME CONTENT.
SI TU N'ÉTAIS PAS VENU AUJOURD'HUI,
J'AURAIS LAISSÉ TOMBER.
FTT
HEIN ?
DE QUOI ?

LE REVOILÀ
J'AI PLUS...
QU'À M'Y FAIRE.
TU VEUX JOUER ?
TU AS ZEL**...
DIS...
Euh...
JE TE PROPOSE DE JOUER AVEC MOI ET TU DEMANDES UN JEU QUI SE PRATIQUE EN SOLO ?
BLAM
TU COMPRENDS RIEN À RIEN.
BLAM
Bon, pas grave.
AH OUAIS ? C'EST PEUT-ÊTRE PARCE QUE J'AIME PAS TA FACON DE ME PARLER...
BON, J'AI PAS ÉTÉ SUPER SYMPA NON PLUS.
GRR

PARDON ...
JE NE POURRAI PAS T'ACCOMPAGNER.
BON, À PLUS.
Hoo
OUI, SALUT.
Huum
Oh
DIS !
TAP TAP
...
OUI ?
NAO VIENT À LA MAISON DEMAIN.
ZYEUTE
TU VEUX VENIR TOI AUSSI ?
EUH... ÇA MARCHE...
GROUPE A : NE SAIT PAS REFUSER
POURQUOI J'AI DIT OUI ?!
SHINKAI

Dès qu'il parle,
je suis troublé..
MAIS JE SUIS TOUJOURS MAL À L'AISE AVEC LUI.
MA POITRINE SE SERRE.
ÇA ME GÊNE
QU'IL SE SOIT ATTACHÉ À MOI.
YUMEJI...
ON VA CHERCHER LES PETITS ?
Ouah
...
C'EST MA SOEUR
QUI S'EN CHARGE CE SOIR.
AH...
TANT PIS.

Ha ha...
TU ME LE DEMANDES ENFIN !
SEIJI... SEIJI SHINKAI.
J'AI FINI PAR CROIRE QUE TU NE T'INTÉRESSAIS PAS DU TOUT À MOI.
LA PREMIÈRE IMPRESSION A ÉTÉ SI MAUVAISE,
QUE SES BONS CÔTÉS TE PARAISSENT GÉNIAUX.
C'EST UNE SORTE D'ILLUSION.
Ho ho...
SHUP
TU AS PEUT-ÊTRE RAISON.
MOI J'AIME BIEN...
LES GENS QUI CACHENT LEUR JEU.
HÉ HÉ.
NON. MAIS TOI, TU AIMES N'IMPORTE QUI...

AH BON ? T'AS POURTANT L'AIR TRÈS NERVEUX.
JE SUIS TIMIDE.
JE SUIS CONTENT.
J'AIMERAIS VRAIMENT QU'ON DEVIENNE AMIS.
ZYEUTE
Hum
C'EST TA FAUTE AUSSI.
AH BON ?
SUP
ON DIRAIT PAS...
IL EST DIFFICILE À SAISIR.
HA.
Au fait...
JE NE SAIS MÊME PAS...
COMMENT TU T'APPELLES.

TU NE ME...
…
PARDONNES TOUJOURS PAS ?
ZYEUTE
HEIN ?
OUAH ! ME REGARDE PAS COMME ÇA !
BOBOM
J'AIMERAIS QU'ON SOIT AMIS.
HUH
MAIS JE CROIS QUE TU PEUX PAS M'ENCADRER.
ぎくっ
HEIN ?
DANS LE MILLE
HO !
MAIS PAS DU TOUT !
RÉPONSE TYPIQUE DU GROUPE SANGUIN A

SLUP
C'EST SUCRÉ !
TROP DE SUCRE ? 'SCUSE, J'AIME ÇA, MOI.
J'aurais dû te demander avant.
PAS GRAVE.
JE PENSAIS PAS QUE TU VIENDRAIS CHEZ MOI UN JOUR.
JE SUIS SURPRIS QUE TU RESTES.
JE POUVAIS PAS LAISSER MA SŒUR AVEC DEUX GARÇONS.
Hum
TU ME FAIS PAS CONFIANCE ?
TA GRANDE SŒUR LA LAISSE SANS PROBLÈME.
AH, CELLE-LÀ !
...
Pff
ILS ONT L'AIR DE BIEN S'AMUSER.
Mais pas moi...

À PLUS.
J'ESPÈRE QUE NON !
Bye bye
...
BYE BYE.
YUME.
DEMAIN JE DOIS ÉTUDIER AVEC NARU, TU M'EMMÈNERAS CHEZ LUI ?
HEIN ?
DEMANDE À GRANDE SŒUR.
NON !
ÇA SERA TA PUNITION POUR LE RETARD.
SHINKAI
VOILÀ TON CAFÉ.
MERCI...
Haa
Haa

T'AS PAS PRIS LE TEMPS DE TE CHANGER ?
HU
COUCOU
GRR
LA FAUTE À QUI ?
EUH...
JE SUIS NARUMI SHINKAI.
ENCHANTÉ.
HUH
HO...
EN... CHANTÉ.
LE PETIT FRÈRE MODÈLE...

ÇA VEUT DIRE QUE JE VAIS DEVOIR TOUT NETTOYER SEUL ?
Oh
PARDON, JE SUIS EN RETARD.
Ha
o
!
YUME !
TU AS ATTEN-DU ?
EXCUSE-MOI, J'ÉTAIS OCCUPÉ.
C'EST PAS GRAVE.
J'ÉTAIS AVEC NARU.
HA ?
TU ES LE GRAND FRÈRE DE NAO.
TOI !!
Mu
Mu
TU LE CON-NAIS ?

POUR ÊTRE FRANC, JE COMPRENDS PAS LES FEMMES.
SHIK
ELLES PARLENT TOUJOURS DE LEUR VIE SEXUELLE. DU COUP TOUT LE MONDE EST AU COURANT.
OUI...
ÇA M'EMBÊTERAIT ÇA...
SHIK
ELLES FONT LEUR SAINTE NITOUCHE PUIS SE PLAIGNENT QUE JE SUIS TROP FROID.
SHIK
SHIK
...
Je crois...
qu'il me prend...
pour son psy...
SHIK
PAN
MOI AUSSI JE PENSE ÊTRE FROID.
SI JE N'ÉTAIS PAS IMPUISSANT...
AH OUI ? ET TA NANA S'EN PLAINT PAS ?
ZYEUTE
ARGH
ARF, IL M'A CRU !
J'AI PAS DE COPINE... EN CE MOMENT.
HA.
J'Y VAIS, ON M'ATTEND.
...
Il m'ignore ?

OCCUPE-TOI QUE DES PLUS GROSSES SINON ON FINIRA JAMAIS !
UH
... ET PARDON POUR LA DERNIÈRE FOIS.
C'EST RIEN.
...
APRÈS L'INCIDENT, TOUT LE MONDE M'A DIT DE BIEN VÉRIFIER MES SOURCES AVANT D'AGIR.
ILS M'ONT DIT QUE T'ÉTAIS PAS CE GENRE DE MEC.
SHIK
SHIK
MERCI.
C'EST COMPLI-QUÉ.
JE POURRAIS PAS, MÊME SI JE VOULAIS.
CHIP
AU FAIT...
TU T'ES PAS TROP DÉFOULÉ SUR MU ?
ON A DISCUTÉ...
ET LA NANA EST DU GENRE INFIDÈLE. N'Y PENSE PLUS.
Son mec va la larguer.
SHIK
SHIK
...
OUAIS ...
SHIK

SALUT.
AHEM
SA... SA-LUT.
JE ME SENS MAL À L'AISE...
J'AI UN TRUC À FAIRE...
TAP
ALORS ON VA SPEEDER.
OK.
SHAK
SHAK
MÊME SI ON FAIT VITE, ON EN A POUR UN MOMENT !
SHIK
SHIK
SHIK
SHIK
YUMEJI...
OUI ?
HEY !

TU... SERAS DE CORVÉE DE MÉNAGE.
JE DOIS ALLER CHERCHER MA SŒUR !
APPELLE POUR DIRE QUE TU SERAS EN RETARD.
QUOI ?
Oui...
APRÈS LES COURS.
JE DOIS NETTOYER TOUT LE JARDIN TOUT SEUL ?
SHIK
SHIK
HA... TOI...
....
TOI AUSSI TU AS ÉTÉ PUNI ?
OH NON !

QUOI ? J'ÉTAIS PAS AU COURANT !
Haa
NON, JE SUIS TIMIDE ET EN PLUS, JE PORTE MON UNIFORME.
QUOI ?
TU ES TROP TIMIDE POUR ALLER CHERCHER TA PETITE SŒUR ?
UH !
J'AI UN RENDEZ-VOUS, ALORS TU IRAS LA CHERCHER !
TCHAC !
ATTENDS !
GRANDE...
SÉRIEUX ?
HO
HEIN ?!
PAS DE PORTABLE...
DANS L'ENCEINTE DE L'ÉCOLE. CONFISQUÉ.

Aïe !
J'ai mal, retire-toi !
T'ES NUL !
GHA
MON CŒUR PUR ET MON ORGUEIL D'ADOLESCENT ONT ÉTÉ RÉDUITS EN MIETTES.
DEPUIS, JE SUIS IMPUISSANT.
COMME JE NE DRAGUE PERSONNE, LES GENS PENSENT QUE JE SUIS FIDÈLE OU QUE JE SORS AVEC UNE FEMME PLUS ÂGÉE.

J'AI PAS TOUJOURS ÉTÉ COMME ÇA.
PETIT, J'ÉTAIS SOUVENT BRIMÉ À CAUSE DE MON APPARENCE.
« DÉGAGE ÉTRANGER ! »
MAIS AU COLLÈGE, J'AI COMMENCÉ À AVOIR DU SUCCÈS.
« Yumeji ! »
Haa
J'ÉTAIS BON EN CLASSE ET EN SPORT. J'ATTIRAIS LES REGARDS.
ON M'ENVIAIT,
M'ADMIRAIT...
PUIS VINT MA PREMIÈRE FOIS.
« YUMEJI... »
« J'AI TRÈS PEUR D'AVOIR MAL, MAIS JE SAIS QUE TOI TU SAURAS T'Y PRENDRE. »
« JE N'AURAI PAS MAL AVEC TOI. »
Euh...
J'ÉTAIS PUCEAU ET STRESSÉ...

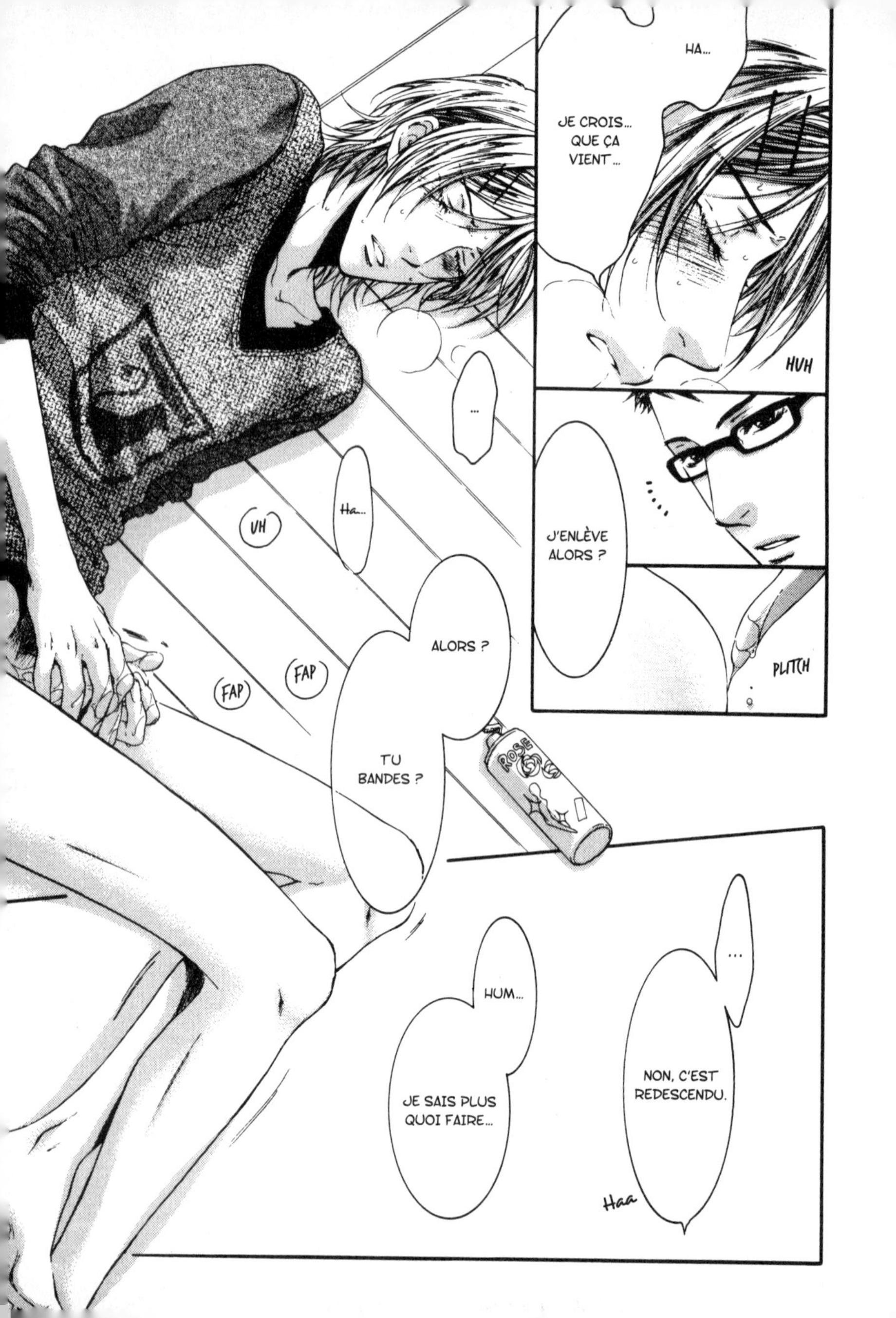
HA...
JE CROIS... QUE ÇA VIENT...
HUH
J'ENLÈVE ALORS ?
.....
PLITCH
...
Ha...
UH
ALORS ?
TU BANDES ?
FAP
FAP
ROSE
...
NON, C'EST REDESCENDU.
HUM...
JE SAIS PLUS QUOI FAIRE...
Haa

MARU...
SI JE BANDE, T'ENLÈVES TON DOIGT.
JE VEUX Y ARRIVER EN ME TOUCHANT.
ÇA MARCHE.
PLATCH
DÉTENDS-TOI.
CHIP
CHIP
PLITCH
UH
Uh...
Um...
PLITCH
Uh...
HUU...
Haa
ALLEZ, FROTTE !
JE... JE SAIS !
POTCH
POTCH
CHIP
FAP
FAP
Ha
FLIC
Ha
PUH
PUH
PUH

ESSAIE AVEC DE LA LOTION.
C'EST FROID.
CAR JE SUIS IMPUISSANT.
PLITCH
PLITCH
FLOC
PLITCH
FAP
C'EST VISUEL-LEMENT OBSCÈNE.
FAP
J'Y ARRIVE PAS.
Haa
BON !
BON...
LAISSE-MOI FAIRE.

CE MU ALORS !
IL SAIT PAS LA GARDER DANS SON PANTALON.
C'ÉTAIT UN SECONDE ?
IL EST IMPRESSIONNANT.
La beigne qu'il s'est pris !
OUAIS.
MOI... JE NE PEUX PAS FAIRE ÇA.
ALORS ?
FAP
UM...
FAP
ÇA MARCHE PAS.
AUCUNE RÉACTION.

On a tous tendance à se vanter.
TU VOIS, CE N'EST QU'UN MALENTENDU.
TU PENSES VRAIMENT QUE JE VAIS VOUS CROIRE ?
HA...
PARDON. EN FAIT, C'EST MOI QUI ME LA SUIS TAPÉE !
La fille qui fait du F ?
C'ÉTAIT TOI ?
BAM
POUAH !
?!
RA-MÈNE-TOI !
À TOUT'...
SWIP

ATTENDS !
HÉ
TU AS DU CULOT POUR UN SECONDE !
?!
ARRÊTE DE DIRE DES CONNERIES !
AVORTON !
HA ?
STOP !
ON VA EN RESTER LÀ.
PERSONNE ICI N'A JAMAIS COUCHÉ AVEC YUME...
HAN !
Mfff
HEY, YUMEJI.
TU LA CONNAIS CETTE FILLE ?
PAS DU TOUT.

EXPERIENCE VALUE. Acte 1

C'EST VRAI...
QUE TU AS COUCHÉ AVEC ELLE ?
HEIN ?!

C'EST TOI...
YUMEJI OYAMA ?
KAZUMI HARA EST LA NANA D'UN POTE À MOI...
HEIN ? QUI ? QUOI ?

Experience Value

YONEZOU NEKOTA